AF562888

JULES DE LA TOURNELLE

LA QUESTION SAVOISIENNE

NOTES RAPIDES

A COMPLÉTER.

PRIX : 50 CENTIMES

EN VENTE

CHEZ TOUS LES LIBRAIRES

AVANT-PROPOS

Voulant éviter à ma famille les souffrances et les émotions qui devaient fatalement l'atteindre pendant le siége de Paris, je suis allé avec elle me réfugier en Savoie.

Pendant notre séjour de huit mois dans une petite villa, sur le bord charmant du lac d'Annecy, j'ai pu admirer ce merveilleux pays, — et dire que je m'étais figuré précédemment un rocher aride tacheté de marmottes et encombré de ramoneurs! qui rappelle l'Oberland, sous des formes moins imposantes, mais plus gracieuses; j'ai pu observer, avec un intérêt toujours croissant, ces robustes paysans, à la figure franche, si rudes au travail, si faciles à diriger avec de la bienveillance, accompagnant avec un sang-froid patriotique leurs fils partant, joyeux et fiers, pour les champs de bataille de la Loire et de la Franche-Comté.

A la surface, j'avais jugé cette bonne population

comme très-dévouée à la France qui, depuis 1860, a beaucoup fait pour elle, indifférente aux formes de gouvernements, ne s'occupant qu'à vendre son vin, son bétail et son blé, ignorant tout ce qui peut ressembler aux passions politiques.

Bientôt je me suis aperçu de mon erreur. Une excursion que je viens de faire à Mégêve, Saint-Gervais, Chamounix, Sixt en passant par Bonneville, d'abord, en retournant à Genève, ensuite, par Taninges, Saint-Jeoire, Boëge et Thonon m'a permis d'observer et de juger sainement, je crois, la situation politique de la Haute-Savoie.

J'ai voyagé en vrai flâneur ; je me suis arrêté dans presque toutes les communes traversées ; j'ai entendu bien des conversations ; j'ai interrogé beaucoup d'hommes rencontrés sur la route, dans les hôtels ou les cabarets là où je trouvais les meilleurs renseignements, car le Savoisien devient très-expansif lorsqu'il arrose son larynx avec le petit vin blanc du cru.

Arrivé depuis deux jours à Versailles, — encore le siége de Paris ! — j'ai assisté, dans un restaurant de l'avenue de Saint-Cloud, à une discussion sérieuse concernant la Savoie ; elle m'a prouvé que j'avais compris et bien apprécié l'état des choses.

Dans l'espoir d'être utile à ce pays auquel je garde l'affectueux souvenirs, j'ai écrit rapidement les notes qui suivent. Je ferai remarquer que je ne connais point *personnellement* les Savoisiens dont je parle, que je n'ai par conséquent ni rancunes contre les uns, ni engouement pour les autres.

J'ai voulu, aussi, signaler à la bienveillance du gouvernement des hommes honorables, estimés, intelligents, dévoués, qui ont rendu et peuvent rendre encore de nouveaux et précieux services.

SITUATION POLITIQUE

DE LA SAVOIE

I.

Coup-d'œil rétrospectif.

Quand on fait l'analyse historique des faits qui ont précédé et accompagné l'annexion de la Savoie à la France, on est obligé de citer souvent les noms de MM. Charles Berthier, de Chambéry, et Francis Renand de Bonneville (Haute-Savoie), qui, par leur dévouement et leur énergie, ont joué un rôle dominant. C'est, en 1848, au moment où le roi Charles-Albert octroyait la liberté de la presse et où le manifeste de Lamartine provoquait le réveil des nationalités, que la première idée de la séparation de la Savoie des Etats sardes entra dans le domaine de la discussion publique. M. Renand publia une brochure qui fut vivement commentée par les journaux italiens, suisses et savoisiens, dans laquelle était développé l'argument suivant :

« La Savoie n'est pas plus italienne que la Lom-
» bardie n'est autrichienne... Donc, la Savoie à la
» la Lombardie à l'Italie. »

M. Renand porta sa brochure au ministre des Affaires Etrangères à Paris ; il eut avec lui un entretien confidentiel, à la suite duquel il emporta l'impression que si, par faits de guerre, l'armée autrichienne envahissait le territoire piémontais, l'armée française s'avancerait, à travers la Savoie, sur les crêtes des Alpes.

Hélas ! cette espérance fut remplacée par la grotesque excursion des *Voraces*, à Chambéry... Les Savoisiens repoussèrent alors avec raison le drapeau français confié à de telles mains !

La pensée de réunion à la France parut alors effacée par les journées de juin d'abord, par la catastrophe de Novare ensuite ; les amis de la grande nation gardèrent le silence en attendant des temps meilleurs.

Le 27 juillet 1851, eut lieu à Taninges (Haute-Savoie, une réunion importante de gardes nationaux et de sapeurs pompiers ; il s'agissait d'une fête d'officiers et de délégués de ces corps dans le but de s'entendre et de se connaître. Elle avait attiré plus de huit mille personnes. Pendant le banquet qui se donna sur une promenade publique, au milieu d'un grand concours de curieux, M. Renand, commandant de la garde nationale de Bonneville, monta à la tribune. Il attaqua en face les injustices gouvernementales dont la Savoie était victime ; il signala ses amertumes et ses douleurs, et planta résolument le drapeau séparatiste. Il prononça, entre autres, en parlant de la France, ces phrases répétées par la presse parisienne : « Nos cœurs vont où coulent nos rivières... à chaque événement les Alpes s'élèvent et le Jura s'abaisse... »

En descendant de la tribune, M. Renand fut acclamé avec frénésie. Cette démonstration, dénoncée à Turin, eut pour conséquence un mandat d'arrêt lancé contre lui qui, informé à temps par un ami, se réfugia à Genève et évita la détention préventive. Il y passa huit mois et reçut un grand nombre de visites comme témoignages de sympathies ; on faisait tacitement de M. Renand le chef d'un parti accepté.

Le 9 janvier 1852, la cour de Chambéry condamna M. Renand à six mois de prison. Il est vrai, qu'après son incarcération, le roi Victor Emmanuel lui offrit, par l'intermédiaire de M. Bastian, député, sa grâce immédiatement s'il la demandait n'importe en quels termes. M. Renand refusa, en déclarant qu'il ne pouvait pas entraver, par une débiture de reconnaissance, la tâche politique qu'il s'était imposée comme un devoir, et à laquelle il consacrerait toute sa vie.

Après sa sortie de prison, M. Renand affirma de nouveau son programme annexioniste en créant un journal : *l'Indépendant du Faucigny*, qu'il rédigea exclusivement et répandit largement à ses frais.

En janvier 1859, au moment de la déclaration de guerre de la France à l'Autriche, M. Renand pressentit que les événements pourraient changer les destinées de la Savoie ; que la Suisse chercherait à s'approprier la partie de son territoire neutralisé par les traités de 1815. Il avait précédemment compris les convoitises de Genève à quelques mots échappés à un homme politique de cette ville.

Dans une brochure intitulée *la Savoie libérale*, qui fit sensation et eut un grand retentissement, M. Renand posa carrément l'annexion de la Savoie à la France, comme un décret de Dieu, et repoussa énergiquement toute éventualité de son morcellement, c'est-à-dire de concession de territoire en faveur de la Suisse. Il fit entre autres la déclaration suivante :

« Nous plaçons la revendication de notre nationalité bien au-dessus de toute question de formes gouvernementales, aussi, réservant notre opinion personnelle sur le régime impérial, nous cherchons à la faire triompher toutes les fois que nous apercevons quelque chance d'opportunité. »

Cette brochure mit le feu aux poudres ; la presse de Berne et de Genève, les nombreux partisans de la Suisse qui se composaient d'une partie de la bourgeoisie du Faucigny (le Faucigny comprenait l'arrondissement de Bonneville entier ; de plus, les cantons de Reignier et d'Annemasse, appartenant maintenant à l'arrondissement de Saint-Julien, et du canton de Boëge, réuni dès lors à l'arrondissement de Thonon), d'une partie de celle du Chablais et de la province de Saint-Julien déclarèrent une guerre acharnée à M. Renand qui soutint la lutte en publiant, en même temps, des articles très-incisifs dans la *Patrie*, de Paris, dans l'*Echo du Mont-Blanc*, d'Annecy, dans le *Courrier des Alpes*, de Chambéry, et dans *l'Opinione*, de Turin.

En juin de la même année, M. le comte de Cavour vint à Bonneville, en compagnie de M. de La Rive, de Genève. Après une conversation, où M. Renand soutint vivement la justesse de ses prévisions, M. de Cavour lui dit confidentiellement : « Voulez-vous garder doré-» navant le silence sur la question de la Savoie du Nord » et de la Suisse ?.. je vous ferai donner un bon consulat tout près d'ici... » Il fut refusé absolument.

Au commencement de 1860, M. Charles Berthier, rédacteur en chef du *Courrier des Alpes*, ouvrit une brillante et habile campagne contre le parti italien qui, pour conserver la Savoie au Piémont, commençait à s'agiter et à devenir militant ; il protesta contre tout morcellement de la Savoie qui devait, entière, retourner à la France, sa vraie patrie.

L'intelligent publiciste eut une grande influence sur l'opinion publique. Il se rendit à Paris, plaida énergiquement sa cause devant les ministres de l'empereur et particulièrement auprès de M. de Thouvenel, chargé alors du portefeuille des Affaires Etrangères.

M. Berthier leur fit admettre en principe l'annexion de la Savoie sans morcellement. Il eut le concours d'hommes haut placés dans la confiance publique.

Nous citerons Mgr Billet, archevêque de Chambéry; MM. le comte Greyffié de Bellecombe, comte de Boigne, baron d'Alexandry, Bourbon, Laracine, Perrier de la Bathie, François, etc., tous demeurant à Chambéry.

M. l'abbé Poncet, chanoine à Annecy, publiait, de son côté, dans *le Mont-Blanc*, une série d'articles remarquables sur la question savoisienne.

Enfin des comités se formèrent à Chambéry, à Annecy, et le mouvement français s'organisa dans toute la Savoie.

Les conseillers provinciaux (en France, conseillers généraux), décidèrent une démarche à Paris, dans le but d'exprimer à l'Empereur les vœux de la Savoie. Ceux du Faucigny refusèrent leur concours, et ne laissèrent point ignorer leurs sympathies et celles du pays, dont ils étaient les représentants pour la Suisse — et particulièrement pour Genève, leur centre d'échange.

M. Renand ne voulut pas laisser son pays natal, — le plus gravement en cause, — sans être représenté. Bravant les colères de ses concitoyens qui, refusant de se joindre à lui malgré son insistance, le menacèrent d'une protestation violente; sollicité vivement, d'ailleurs, par les conseillers généraux partants qui avaient apprécié son énergie et son patriotisme, il partit pour Paris, fit partie de la députation qui fut reçue par l'Empereur, le 22 mars 1860, et qui, au nom de la Savoie entière, repoussa énergiquement toute combinaison qui diviserait cette vieille terre d'héroïsme et de loyauté.

L'empereur avoua que son amitié pour la Suisse lui

avait fait considérer comme possible une concession de territoire en sa faveur, mais il déclara y renoncer devant l'attitude et l'entente de la députation.

Or, de son côté, le parti suisse ne perdait pas de temps. Un comité directeur créé à Bonneville, ayant des relations avec les hommes politiques les plus distingués de Berne et de Genève, soutenu fortement par la presse suisse, disposant d'un organe spécial : *la Savoie du nord*, manœuvrait avec une activité et une intelligence remarquable. Associant à son œuvre les déclassés, les hommes de désordre, les vagabonds, les repris de justice et l'*Internationale* il lançait dans les campagnes une masse d'agents qui faisaient signer des engagements de voter en faveur de la Suisse pour le cas où le suffrage serait appelé à décider de la destinée future de la Savoie. On payait, au besoin, chaque signature obtenue 50 cent. 1 et même quelquefois 10 fr. ou 20 fr. suivant l'importance de l'individu.

Pour faire nombre, on fit figurer, de temps en temps, des femmes et des enfants.

Généralement, il faut l'avouer, les paysans désiraient l'annexion à la Suisse, car c'est là qu'ils vendaient tous leurs produits et qu'ils achetaient tout ce dont ils avaient besoin.

M. Renaud, après s'être concerté avec quelques amis politiques et s'être assuré de leur actif concours ; après avoir soumis son projet à M. Billault, organisa une contre-manifestation qui eût de très-heureuses conséquences. Il envoya aux hommes les plus honorables et les moins hostiles à la France du Faucigny, du Chablais et de la province de Saint-Julien une déclaration imprimée portant en tête ces mots : « les soussignés » voteront pour la France si on leur accorde les fran- » chises douanières dont jouit la partie du département de l'Ain en deçà du Jura. »

M. Renand, en remettant à M. Billault à Paris ces déclarations revêtues de 14,000 signatures sérieuses, le pria de préparer l'Empereur à accorder la liberté de commerce la plus complète entre la Suisse et le territoire neutralisé par les traités de 1815 ; l'Empereur résista et ne voulut pas se rendre d'abord à la nécessité de ce privilége. M. Renand eut l'honneur, en présence de M. Billault qui l'avait introduit, d'expliquer longuement au Souverain les motifs graves et impérieux qui motivaient la concession dont il s'agit. Il démontra que la majorité de la population du Nord de la Savoie voterait contre l'annexion à la France, en raison de ses besoins et de ses intérêts économiques, si on lui refusait des facilités exceptionnelles d'échange ; que la divergence d'un vote, partageant la Savoie en deux camps, amenerait fatalement des tiraillements diplomatiques... et peut être une conflagration générale ; qu'il y aurait un moyen de tout concilier, car si le porte-monnaie était suisse le cœur était français, qu'il s'agissait donc de faire la part de ces deux choses dont souvent la première est plus puissante que l'autre. L'Empereur fit une promesse... le *Moniteur* inséra un petit article qui fut envoyé en Savoie à six mille exemplaires.

Le 24 mars 1860, la députation savoisienne dîna aux Tuileries et l'Empereur lui annonça le traité de cession de la Savoie à la France.

De retour en Savoie, M. Renand fut nommé commissaire électoral extraordinaire par M. Lachenal gouverneur. Ce haut fonctionnaire était au service du gouvernement Sarde, les commissaires électoraux agissaient exclusivement d'après ses instructions ; ainsi l'idée d'une *pression impérialiste* sur le vote de l'annexion n'est qu'une monstrueuse iuvention. Il a fallu onze ans au comité de Bonneville pour la trouver !

Son action devint incessante autant que désintéressée ; il parcourut toutes les communes, se mit en rapport avec les maires, les curés et les hommes influents, nomma des Commissaires de cantons, exposa la situation et soutint son programme dans des réunions publiques par lui provoquées. Il faut ajouter que M. Renand était très-aimé des paysans pour lesquels il s'était toujours montré serviable et bienveillant. Sans se décourager devant des menaces d'assassinat, M. Renand, avec le concours précieux de M. Guy nommé Intendant de Bonneville, écrasa l'intrigue suisse, paralysa les manœuvres de ses meneurs et rendit infructueux l'effet des deux millions corrupteurs semés dans les campagnes. L'annexion de la Savoie à la France fut votée dans le Faucigny par 80,000 *oui* contre 184 *non*.

M. Renand se rendit à Paris pour entretenir M. Billault de ces éclatants succès; le ministre lui sauta au cou et lui offrit, à titre de reconnaissance du Gouvernement, une Sous-Préfecture de première classe, une recette particulière ou une place dans la magistrature. M. Renand déclara qu'il ne voulait rien accepter et que la satisfaction d'avoir réalisé les vœux de son culte politique était pour lui la plus belle récompense.

M. Billault lui proposa aussi une large indemnité en raison des dépenses très-fortes qu'ils avaient dû faire. M. Renand répondit que son dévouement était d'un métal trop pur pour supporter même l'alliage de l'or... et refusa avec vivacité.

Malgré le traité de cession de la Savoie et le vote solennel qui l'avait consacré, M. de Cavour contrarié par l'échec de la Suisse ne se pressait pas de saisir la Chambre des députés de Turin pour l'accomplissement des dernières formalités. Ce retard inexplicable avait ému les Savoisiens et les intérêts matériels souffraient d'un état de choses qui, en législation et en industrie, n'était plus l'Italie et n'était pas encore la France.

M. Renand écrivit une brochure *Sabaudia dorolosa*, avec une plume acérée comme un poignard, et l'envoya à tous les députés. Elle donna lieu à des interpellations à M. de Cavour; plusieurs membres de la Chambre adoptèrent les récriminations de l'auteur; ils lurent les principaux passages de sa brochure... et la question savoisienne reçut une solution définitive.

Le désintéressement avait dépassé toutes ses ressources; d'autre part, on lui suscita des procès, des embarras, des hostilités de tout genre; la dispersion de sa clientèle s'effectua rapidement grâce à des menées peu honorables et à la retraite des nombreux genèvois qui lui confiaient leurs intérêts. Malgré sa ré-résignation silencieuse, un ami avait compris sa gêne et son intervention auprès de M. Billault, à l'insu de M. Renand, eut pour effet sa nomination à la sous-préfecture d'Embrun. C'était le pain du travail ;la France le lui devait bien en retour du sacrifice généreux de sa fortune et de sa profession ! Est-ce que le gouvernement *de tous pour tous* ne lui rendra pas ce que le règne de l'exploitation de *tous* pour *un* lui avait accordé ?

II

La Savoie du Nord postérieurement à l'Annexion.

Comme cela arrive toujours à la suite des transformations politiques, les hommes qui ne s'étaient ralliés à la France qu'à l'heure du succès firent du zèle, parlèrent audacieusement de leur dévouement de la veille, cherchèrent à s'attirer la confiance de l'autorité. Les uns se rendirent à Paris et portèrent à M. Billault des mémoires lumineux sur l'organisation future de la Savoie ; les autres se présentèrent aux préfets comme les principaux moteurs de l'annexion et couvrirent de calomnie les hommes honorables qui avaient préparé et dirigé le mouvement.

Lors de son voyage en Savoie (août 1860) l'Empereur donna des décorations bien méritées, mais il distribua, d'autre part, cette haute distinction à des hommes inertes, sinon hostiles, et oublia quelques-uns des plus dignes.

M, Anselme Petetin, préfet de la Haute-Savoie avait fait pressentir, par lettre, à M. Renand qu'il serait décoré au passage de l'Empereur à Bonneville... il fut présenté publiquement à Sa Majesté qui lui fit diverses questions... et en resta là,

Le choix des fonctionnaires et employés désignés pour la Savoie ne fut pas toujours heureux ; on envoya dans la magistrature, dans les ponts-et-chaussées, dans l'instruction publique, dans les contributions indirectes, des hommes qui avaient l'air de traiter la Savoie en pays conquis, trop heureux de s'incliner devant les vainqueurs. On eut la maladresse de présenter comme candidat officiel à la députation, dans la circonscripiton électorale formée par les arrondissements de Bonneville et de Thonon, M. Anatole Bartholoni, d'une famille originaire de Genève, qui, élu député, fut bientôt en excellents rapports avec les meneurs connus du parti suisse et accorda, surtout, sa protection aux partisans de *la belle Helvétie*

Loin de désarmer devant les faits accomplis, le parti suisse s'organisa, se disciplina ; il établit des rapports incessants avec les Savoisiens, — tous hommes très-intelligents et actifs, — qui, par suite de leur rancune contre la France, s'étaient fait naturaliser citoyens de Genève qu'ils habitent dès lors. Il exploita et sut mettre en relief toutes les fautes du Gouvernement. Dans les élections municipales, dans celles pour les Conseils généraux et d'arrondissement, il se montra toujours ardent et habile dans sa propagande ; aussi compta-t-il chaque année quelques succès. Il n'a jamais cessé de chanter lyriquement aux habitants de nos campagnes le bonheur d'appartenir à la Suisse en raison des libertés qui y fleurissent, du bien-être général qui s'y généralise et s'y accroît, de la légèreté et de la sage répartition de l'impôt.

Ce qui n'est pas douteux, c'est que les partisans de la Suisse ont fait de nombreuses recrues sur tous les points des deux départements savoisiens et qu'on ne pourrait pas espérer actuellement une majorité si le suffrage universel devait prononcer une seconde fois l'annexion à la France.

La dictature de M. Gambetta et les résultats désastreux de la guerre avec la Prusse ont eu dans la Savoie un bien douloureux contre-coup. La désaffection et l'irritation contre la France constituent à cette heure une menace sérieuse de révolution. Il n'y a pas de temps à perdre si on veut conserver des départements qui sont intéressants et utiles à bien des titres, en dehors même de leur importance stratégique.

La Suisse fait semblant de les dédaigner... mais les envie ; et la Prusse en contemplant le canton de Schaffouse, rêve à une rectification de frontières sur les bords du Rhin.

Nous allons passer rapidement en revue les causes

qui ont amené directement ou indirectement l'état de choses inquiétant dans lequel se trouble et se débat la Savoie.

Après les événements du 4 septembre, le vent révolutionnaire a soufflé sur toute la France ; les départements les plus paisibles ont eu, plus violents que les autres, un moment de fièvre d'illégalité et d'ambition.

Des comités d'hommes se disant *démocrates purs*, d'une moralité plus ou moins contestable, se sont formés instantanément presque partout ; ils se sont emparés des mairies, et ont signifié des congés, dans des formes injurieuses et grossières, aux fonctionnaires du gouvernement déchu.

III

Département de la Savoie.

Nous laissons à d'autres mieux renseignés que nous le soin de signaler l'état de ce département ; nous ne pouvons, cependant, nous exempter de rappeler la singulière démarche de M. Guiter, préfet de Chambéry, auprès du conseil fédéral, pour demander l'occupation de la Savoie du Nord par un corps d'armée suisse. En admettant que cette demande fût fondée en droit international, qu'elle fût opportune, agréable ou utile à la France, avantageuse pour la défense nationale, — toutes choses que nous nions absolument, — comment accepter qu'un préfet s'occupe d'intérêts étrangers à son département ?

IV

Département de la Haute-Savoie.

Ce département, qui a toujours été sous l'influence de Genève et sans cesse surexcité, en raison de ses rapports quotidiens, par ses boutiquiers, bilieux par tempérament et systématiquement hostiles à tous les gouvernements de la France, s'est distingué par ses allures démagogiques. Le parti suisse, groupant autour de lui tout ce qui constituait des éléments dissolvants de mécontentement, de perfidie, de haine, de rancune, de radicalisme ultra, a cherché à profiter des malheurs de la France pour la frapper d'indignité.

Bonneville, Saint-Julien, Thonon ont vu surgir des comités où la majorité était acquise à la *suissomanie*; les clubs, dans la Haute-Savoie, ont tous manifesté leurs sympathies pour l'union future à la confédération.

Le comité de Bonneville (c'est-à-dire la commission municipale) a fait des démarches très-actives — et illégales au premier chef — auprès du gouvernement fédéral à Berne, du conseil d'Etat de Genève et même, assure-t-on, auprès du roi Guillaume à Versailles, pour l'occupation armée du territoire neutralisé par les traités de 1815. On espérait, protégés par les baïonnettes suisses, entre la France vaincue et la Prusse avide de l'amoindrir, soulever un incident quelconque, permettant d'organiser un vote plus ou moins tronqué d'une annexion à la Suisse.

Le comité de Bonneville ne s'est pas contenté de s'occuper des affaires de la commune; donnant à ses attributions une portée par trop intolérable, il a envoyé des adresses à toutes les municipalités de l'arrondissement, pour qu'elles eussent à délibérer sur la demande de l'occupation armée. Le plus grand nombre, dit-on, a adhéré à la proposition... On cite même des procès-verbaux qui constatent des vœux très-accentués d'union à la Suisse.

On est parvenu à écarter de leurs fonctions tous les hommes honorables, estimés, capables, qui fortifiaient les liens d'affection existants entre la Savoie et la France et empêchaient honnêtement les tendances non raisonnées des paysans vers la Suisse... et comment les a-t-on remplacés?

M. Guy, ancien professeur de droit, ancien maire de Bonneville, sous-préfet de Saint-Julien, administrateur sérieux, aimé et estimé dans tout son arrondissement, a été relevé de ses fonctions... pourquoi?

M. Babuty, juge de paix du canton d'Annemasse, depuis vingt-deux ans, excellent magistrat, profondément estimé, ayant toujours affirmé son libéralisme; depuis de longues années représentant son canton au conseil général, a été remplacé... pourquoi?

Les juges de paix de Reignier, de Saint-Jeoire, de Taninges, de Cluses, de La Roche, tous dévoués à la France, ont été disgraciés... pourquoi?

Ne serait-ce pas peut-être des agents suisses qu'on aurait substitués à ces dignes juges de paix?

Nous grouperons maintenant les causes qui ont contribué, dans une proportion plus ou moins grande, à décourager les hommes d'ordre, à éparpiller les amis de la France et à permettre à la coterie révolutionnaire de diriger et de dominer entièrement les populations :

1° A Bonneville, chef-lieu d'arrondissement, qui compte beaucoup d'hommes intelligents et énergiques, amis de l'ordre auquel ils sont intéressés, le drapeau rouge flotte devant l'Hôtel-de-Ville dès le 4 septembre... et personne ne songe à faire disparaître ce lugubre lambeau !

2° Le Comité républicain de cette ville a pour organe *le Faucigny*, journal de la localité qui, par sa violence contre tous les principes de morale, de religion, d'autorité, répand la terreur dans les campagnes.

3° La compagnie des Francs-Tireurs du Mont-Blanc, de passage à Annecy, pour se rendre devant l'ennemi, a été conduite par son capitaine à la tombe d'Eugène Suë; on y a déposé une couronne et on a invoqué le Dieu des armées là où dort l'égoïste libre-penseur... Pauvres mères qui avaient tant recommandé à leurs enfants de prier avec ferveur aux pieds des reliques de saint François de Sales !

4° Au commencement d'avril, Richiotti Garibaldi est arrivé à Bonneville; les officiers de la garde nationale, ceux des sapeurs-pompiers, musique en tête, le sous-préfet, la commission municipale sont allés le recevoir à la porte de la ville. Le cortége, après avoir traversé solennellement les rues, s'est rendu à la mairie, puis dans un hôtel où un banquet était préparé.... Pourquoi cette fête et dans quel but ce voyage qui a inquiété les honnêtes gens?

5° M. Jules Philippe, préfet de la Haute-Savoie, qui avait acquis les sympathies et le concours des hommes d'ordre, en raison de sa modération dans des jours difficiles, qui avait été élu représentant à l'Assemblée nationale à une grande majorité, a perdu beaucoup dans la confiance publique pour avoir déclaré dans les journaux, la veille du vote, qu'il était *l'un des admirateurs* de M. Gambetta. On ne s'explique pas sa tolérance devant les manœuvres illégales ci-dessus signalées. Qu'il ne s'y trompe pas! En si graves conjonctures, le silence a presque le caractère de la complicité.

Le retour de M. Renand, forcé de donner sa démission comme sous-préfet de Dôle, après dix ans de services très-appréciés partout; les lettres affectueuses arrivées du Jura en Savoie pour témoigner de la profonde estime et des sympathies unanimes qui suivaient dans sa retraite *l'administrateur distingué, l'homme loyal, dévoué, libéral, bienveillant, impartial* (presque toutes les lettres dont il s'agit renferment ces expressions); la position douloureuse du bon citoyen qui, dans son dévouement et son amour pour la France, lui avait sacrifié sa fortune, une profession lucrative et transmissible; les sombres préoccupations qui se lisaient sur le visage du père de famille, ayant à sa charge une femme souffrante et trois enfants en bas âge, causèrent chez un grand nombre de personnes des plus honorables et des plus influentes une vive impression de tristesse et d'irritation contre la France, oublieuse des services rendus.

On ressentit pour M. Renand une estime croissante, lorsque, écartant toute pensée de découragement et tout sentiment de rancune, il publia dans le journal le *Mont-Blanc,* sous sa signature, un long article démasquant courageusement les manœuvres du parti suisse, ses espérances, son but caché, son attitude regrettable dans ces circonstances, son ingratitude, et finissant par un chaleureux appel à la confiance en l'avenir de la France. Nous reproduisons l'article qui a paru le 14 décembre 1870.

Les Chambres fédérales suisses sont en session, et, d'un jour à l'autre, un incident quelconque peut faire surgir une discussion sur l'importante et obscure question de la neutralité d'une partie de la Savoie. L'occupation militaire de son territoire a été demandée, et pour la motiver, on a invoqué le traité de 1815.

Nous sommes loin de contester la pensée patriotique qui a inspiré de telles démarches, car elles avaient pour but d'épargner à notre pays les horreurs de la guerre. Nous plaçant au-dessus des événements actuels et des immenses sacrifices qu'ils traînent à leur suite, nous posons notre froide argumentation comme un instrument glacé mais salutaire dans une plaie béante.

Logique avec notre passé, fidèle à nos antécédents, nous repoussons énergiquement le drapeau helvétique de notre frontière.

Déjà en 1859, avant la guerre d'Italie, nous avons, dans

une brochure intitulée *la Savoie libérale*, signalé et combattu les convoitises genevoises et les intrigues indigènes qui s'organiseraient derrière des bataillons envoyés sur notre territoire. Malgré la privation du concours de la milice suisse qui s'est abstenue de paraître. la lutte a été sérieuse entre les partisans de la Suisse et ceux de la France. Les tiraillements qui ont eu lieu alors se reproduiraient sans doute dans toutes les occasions qui pourraient raviver la question.

Les mêmes causes produisent les mêmes effets.

Plus encore qu'en 1860, nous sommes persuadé que nos voisins cacheraient sous l'habit militaire des agents d'une active propagande.

Il y a dans la Savoie un parti intelligent, discipliné, convaincu, qui veut résolument l'annexion du Faucigny et du Chablais à la Suisse. A sa croyance sincère de rendre le pays plus heureux, s'ajoute un sentiment d'amour-propre blessé, en raison de son éclatante défaite d'il y a dix ans. Ce parti, c'est évident et naturel, pousse les populations de cette contrée vers toutes les fissures qui, par suite des secousses et des modifications gouvernementales de la France, auraient jour sur le lac Léman et ses rives fertiles.

En politique, il n'y a pas de règles absolues de conduite; tout acte peut avoir sa raison d'être, toute appréciation dépend souvent de la place où se trouve l'objectif en vue. C'est donc sans amertume, sans intention de blâme que nous émettons franchement notre pensée sur l'exécution sollicitée des traités de 1815. Les démarches faites à Berne peuvent se définir un premier mouvement de bons cœurs, mais elles constituent une fausse manœuvre.

Si nous sommes bien informé, les personnes et les comités qui ont fait appel aux protocoles de la *sainte alliance* appartiennent tous au camp démocratique et ont salué avec bonheur l'avénement de la République française... Comment ont-ils songé à nous abriter derrière l'œuvre maudite du despotisme coalisé? Pourquoi ont-ils cherché à redresser cette lourde digue, en haine des peuples, dans le but de scinder les nationalités, d'arrêter la civilisation, la liberté, le bien-être, source de l'indépendance et de la moralité ?

Oh ! laissons donc dans son sinistre écroulement ce monument lugubre que la France a vu dresser sur son cœur saignant lorsque, comme aujourd'hui, elle était vaincue, humiliée et trahie !

Enfants des Allobroges invaincus, est-ce derrière des baïonnettes suisses que nous voudrions cacher notre déchéance et notre égoïsme !

En fait et en droit, les traités de 1815 ne doivent plus produire d'effet, ne doivent recevoir la plus intime sanction, parce qu'ils ont été altérés, sinon lacérés, par tous les hauts contractants, parce que leur équilibre, portant à faux, est aujourd'hui complètement effondré par suite de modifications territoriales et surtout par le droit international moderne qui reconnaît aux nations le pouvoir de disposer d'elles-mêmes.

En admettant, au besoin, que les protocoles du congrès de Vienne, arrachés à la France malheureuse, aient encore un simulacre de puissance, est-ce à des citoyens français à l'invoquer ? Notre mère, la patrie, agonise sous le glaive des barbares... A elle ! à elle !... Malheur aux étrangers qui encombreraient notre course vers la frontière !

Lorsqu'on examine sérieusement la déclaration de Sardaigne accompagnant le protocole du 29 mars 1815, on reconnaît que l'unique intention du congrès a été d'indemniser le roi de Sardaigne, en retour de ses anciennes communes annexées au canton de Genève. A cet effet, on a assuré une retraite à son armée par le Valais, si cela devenait utile ; on a couvert le Faucigny, le Chablais et tout le territoire au nord d'Ugine par la neutralité suisse, et on l'a protégé au besoin par l'occupation militaire, facultative à cette dernière. Or, il est évident que les puissances, ayant le dur souvenir des événements accomplis, n'ont eu en vue que d'empêcher, pour l'avenir, l'envahissement d'une armée française se dirigeant sur l'Italie.

Déjà, en 1859, la situation a paru modifiée aux yeux du gouvernement fédéral qui a eu la sagesse de s'abstenir de l'occupation du territoire neutralisé, en interprétant sainement l'esprit du traité. En effet, il ne s'agissait pas d'une armée française agressive, mais bien accourant au secours de l'Italie.

Actuellement, la Savoie faisant partie de la France, la question de neutralité ne peut plus exister ; l'occupation suisse serait une grave imprudence pour elle et la mettrait dans le cas d'irriter à la fois la France et la Prusse.

Elle pourrait gêner notre défense nationale en entravant quelques mouvements stratégiques utiles dans un pays montagneux si imprévu pour l'attaque, si propice à la retraite.

Elle serait cause peut-être de défaillances de la part de nos soldats sous les drapeaux, confondant une mesure diplomatique avec une prise de possession. D'autre part, la Prusse, ivre de ses succès, s'arrêterait-elle devant une neutralité contestée si une de ses armées assiégeant Lyon, elle avait besoin de nos provinces pour la ravitailler ? Cela n'est pas probable et alors qui peut apprécier les complications qui surviendraient ?

Ne nous faisons pas d'illusions : l'occupation militaire de notre Savoie du nord ne nous préserverait pas non plus des caprices du vainqueur s'il avait résolu de nous rendre à l'Italie pour amoindrir la France, lui enlever les Alpes qu'un publiciste d'un haut mérite a appelées un *décret de Dieu* et récompenser l'Italie de son ingratitude envers elle.

Si, on le dit et on le répète, le roi Guillaume a promis de nous épargner en réponse à Victor-Emmanuel dont la sollicitude s'est étendue sur le berceau de sa dynastie, acceptons cette heureuse chance avec reconnaissance, mais n'engageons pas l'avenir.

Que, cédant à une première impression (les malheurs de la patrie l'expliquent suffisamment), on ait voulu préserver notre Savoie de désastres.. soit ! Maintenant on a réfléchi ; je suis persuadé que le dévouement et la vaillance domineront tout autre sentiment.

Prenons fièrement toute notre part de douleurs, de misère et de combats et comptons sur les compensations futures. La France redeviendra la grande nation, et alors nous aurons aussi notre lot entier de gloire et de prospérité.

Nous ne devons avoir dans le cœur et sur les lèvres qu'une déclaration : c'est de défendre contre tous le sol sacré de la patrie.

Que les populations intelligentes et saines du Faucigny et du Chablais résistent à ceux qui veulent étourdiment les entraîner vers le morcellement funeste, douloureux et déloyal de notre Savoie bien-aimée ; qu'elles repoussent une annexion à la Suisse qui amènerait fatalement des rivalités d'individus, des luttes de municipes, des dissensions religieuses... La Savoie du nord faisant partie de la France et ayant sa liberté de commerce avec la Suisse, est dans les meilleures conditions intellectuelles, morales et économiques.

Quoi qu'on dise, tente ou fasse, le porte monnaie est suisse, mais le cœur est français.

En résumé, que la Savoie anxieuse reste digne et calme; qu'elle attende sans découragement et sans engouement ce que le sort et la providence lui réservent. Toute démonstration politique est inopportune et peut altérer la haute renommée de bravoure, d'indépendance, de dévouement que notre histoire nationale a enregistrée sur des pages immaculées.

Que l'avenir nous réserve intacte cette réputation de fidélité, de droiture et d'abnégation que tous les faits accomplis dans le passé ont prouvée en face du monde. Si les conséquences de la guerre ou les contrats de la diplomatie doivent, hélas ! nous rendre à l'Italie ou nous unir à la Suisse, qu'aucun acte, aucune parole n'attestent préalablement l'expression de nos vœux ou l'affirmation de nos répulsions. Que l'Europe, dans son estime et son émotion, proclame que la Savoie a donné à la France, jusqu'à l'heure suprême de la séparation, tout son cœur, toute la force de son bras, le plus pur de son sang et la dernière obole de sa bourse si peu pesante.

F. RENAND.

M. Renand a prouvé qu'il aimait toujours avec ardeur et désintéressement la patrie.

En résumé, le parti révolutionnaire, qui est en même temps le parti suisse, avec la collaboration de l'*Internationale*, domine complétement la situation en Savoie. Son audace, la terreur qu'il inspire, les éléments de désaffection, de discorde, de démoralisation qu'il cultive habilement ont accumulé sur les amis de la France les calomnies, les suspicions, les vengeances aveugles. La défaillance, qui semble en France à l'état contagieux, s'est emparée des hommes d'ordre les mieux posés dans le pays.

C'est le parti radical de la sécession qui a fait dans la Haute-Savoie les élections à l'Assemblée nationale, c'est lui qui a triomphé dernièrement dans les élections municipales.

Si on interpellait les députés de la Haute-Savoie, en faisant un appel à leur loyauté dont nous ne doutons pas, peut-être avoueraient-ils que leur cœur bat un peu plus vite lorsqu' ils pensent aux flots bleus et aux splendides rivages du lac Léman.

Dans les temps si troublés que nous traversons, devant les noires incertitudes qui entourent l'avenir, en raison, surtout, de l'agitation sécessionniste qui se manifeste en Savoie, il faut que ses députés fassent une déclaration nette et précise... Veulent-ils, oui ou non, que les départements annexés, faisant partie intégrante de la France, partagent à jamais ses destinées : *heur ou malheur?* Cette déclaration est d'une importance et d'une opportunité incontestables, car, dans la Savoie, des hommes très-sérieux sont persuadés que leurs représentants sont favorables à l'union de la Savoie entière à la Suisse ou à l'indépendance de leur pays. On attribue même à quelques-uns des actes ou des paroles donnant de la vraisemblance à une telle supposition.

En finissant, signalons une brochure que vient de publier M. Jacquer-Chatrier, ancien député. En traitant de la question très-controversée de la neutralisation de la Savoie du Nord, des droits et obligations résultant des protocoles de 1815, il émet la singulière prétention qu'elle a fait plus que son devoir en envoyant ses enfants contribuer à la défense nationale et qu'elle ne doit payer aucun impôt de guerre.

De tels conseils sont funestes et peuvent amener de regrettables résistances de la part des paysans qui, en général, sont très-hostiles à l'augmentation de l'impôt dont ils ne saisissent ni la nécessité ni le fonctionnement.

Nous le répétons avec une conviction profonde, la situation s'aggrave de jour en jour dans la Savoie ; le moindre incident peut la lancer dans l'imprévu et amener sa séparation de la France, même par la rébellion. Il n'y a pas une heure à perdre si on veut ramener le calme et la confiance dans un pays où les passions politiques, une fois soulevées, sont terribles. On peut rendre vivaces encore les racines à demi arrachées avec violence qui unissaient la France au cœur de la Savoie !

Nous savons que l'insurrection de Paris a absorbé tous les instants, dominé toutes les préoccupations du Gouvernement ; mais nous croyons à la nécessité impérieuse de mesures urgentes. Il faut, sans retard, mettre à la tête des deux départements des administrateurs capables, bienveillants, profondément dévoués à la France, énergiques, repoussant toutes tendances illégales, révolutionnaires, sécessionnistes, ralliant tous les hommes d'ordre, autour du drapeau tricolore, sur la voie solide et droite qui tend à la république des honnêtes gens. Il faut leur assurer le concours actif de collaborateurs connaissant à fond les hommes et les choses, ayant donné des preuves de leur amour pour la France.

Il faut, unissant à un acte de justice et de bienveillance une mesure politique sage et efficace, rappeler immédiatement à l'activité les fonctionnaires d'origine savoisienne qui n'ont point démérité ; l'hécatombe dont ils ont été victimes n'avait aucune raison d'être, car, en Savoie, il n'y a ni partis dynastiques, ni arrière-pensées bonapartistes, ni hostilités contre la république. A l'entrée respective des camps qui divisent les populations depuis 1860, on lit : *France*, *Suisse*, *Savoie indépendante*. L'ostracisme dont on a frappé ces honorables savoisiens, — il n'a point cessé jusqu'ici, — a produit une sensation douloureuse d'autant plus naturelle qu'on a laissé à leur poste le sous-préfet de Thonon et M. le secrétaire-général d'Annecy, déjà fonctionnaires sous l'empire, originaires d'anciens départements.

Il faut enfin réintégrer sur leurs siéges les anciens juges de paix.

Nos conclusions sont logiques et essentiellement pratiques, et nous faisons les vœux les plus ardents pour leur prompte réalisation.

Plus tard, peut-être, indiquerons-nous des remèdes héroïques si la fièvre de désorganisation continue à torturer la Savoie.

Nous appelons l'attention sur l'article que *le Mont-Blanc*, le journal libéral le plus autorisé de la Haute-Savoie, a publié dans le numéro du 10 mai courant ; nous affirmons qu'en ceci il est l'interprète de l'opinion de tous les hommes les plus considérés et les plus honorables du pays.

Voici cet article :

Nous avons remarqué, parmi les dernières nominations de sous-préfets, celle de M. Sémerie. Nous ne connaissons ce fonctionnaire que par les trois ou quatre jours qu'il a passés à Bonneville, où il avait remplacé M. Malpel. C'était donc un fonctionnaire de l'Empire ; il a néanmoins été jugé digne d'être réintégré dans ses fonctions.

Cela nous amène à nous demander pourquoi on n'a pas encore pris la même mesure de justice à l'égard de deux de nos compatriotes qui ont été victimes de la curée des places.

Nous voulons parler de M. Guy, ex-sous-préfet de Bonneville et de Saint-Julien, qui compte plus de vingt années de service, et de M. Renand, en dernier lieu sous-préfet de Dôle, et qui a expié par six mois de prison, sous le gouvernement sarde, la constatation de ce fait géographique : que toutes nos rivières coulent vers la France ; il avait ajouté, il est vrai, que nos cœurs suivent le même courant, ce qui était la vérité.

Comment se fait-il que ces deux hommes, Français avant tout, attendent si longtemps d'être remis en possession de leur droit? Nous ne pouvons croire à un oubli de M. le préfet Jules Philippe ; il connaît comme nous les sentiments patriotiques de nos deux compatriotes, et il a dû certainement réclamer auprès du gouvernement contre une mesure qu'il a déplorée, au moins en ce qui concerne M. Guy.

Objecterait-on le défaut d'emploi? Mais il nous semble qu'on peut bien renvoyer à leur cabinet quelques-uns des jeunes avocats qui ont envahi les sous-préfectures en vertu de l'axiome favori de Bismark : la force prime le droit.

Au point de vue politique, la réintégration de MM. Guy et Renand nous paraît nécessaire, urgente. Le microscopique parti qui, en 1860, voulait l'annexion à la Suisse par haine contre l'Empire, relève aujourd'hui la tête et recommence sa propagande par opposition au gouvernement de Versailles. MM. Guy et Renand ont combattu ce parti avec autant de talent que de patriotisme ; ils ont déjoué ses menées et l'ont réduit à l'impuissance. Il en serait de même aujourd'hui encore si ces honorables citoyens étaient rappelés aux sous-préfectures de Bonneville et de Saint Julien.

Le parti suisse le sait bien ; aussi exploite-t-il l'ingratitude apparente du gouvernement comme un acquiescement tacite au travail souterrain qui tend à détacher la Savoie de la France. Le gouvernement ne peut vouloir laisser s'accréditer cette erreur : le meilleur démenti à lui donner, c'est un décret qui serait à la fois un acte politique et la réparation d'une injustice.

Rien n'est désespéré encore; mais il serait dangereux d'ajourner, *d'un cœur léger*, la solution de la question savoisienne.

Le terrain est brûlant ; qu'on n'attende pas que l'incendie éclate et s'étende !

Les faits qui précèdent, quoique significatifs, s'inclinent humblement et pâlissent devant la circulaire audacieuse autant que regretable du Comité se disant *républicain* de Bonneville et sa délibération du 12 mars 1871. Voici ces deux documents :

Monsieur,

Le comité républicain de Bonneville a l'honneur de vous communiquer la délibération qu'il a prise et qui a déjà été approuvée par le conseil municipal de cette ville.

Il espère que les conseils municipaux des trois arrondissements de la zone voudront bien étudier, avec toute l'attention qu'elle mérite et avec toute l'indépendance qui caractérise les enfants de nos montagnes, cette question dont peut dépendre l'avenir de notre pays. Quel que soit leur avis, le Comité les prie de le lui transmettre le plus tôt possible et directement, inscrit à la suite de l'imprimé ci-joint, à l'adresse de son président, M. Dumont.

Le Comité prie aussi les citoyens actifs et influents de faire mettre au bas de cette délibération les signatures de tous les électeurs qui partagent son avis et de la lui renvoyer comme il est dit ci-dessus.

Dès que le Comité aura reçu ces délibérations des conseils et ces pétitions des citoyens, il pourra connaître la véritable opinion du pays et faire des démarches en conséquence.

L'an mil huit cent soixante-onze, le 12 mai, le Comité républicain de Bonneville a pris, à l'unanimité, la délibération suivante :

Considérant que la guerre désastreuse qui vient d'affliger la France et qui a exposé nos contrées à l'invasion ennemie, nous fait craindre pour un avenir prochain la reprise des hostilités;

Considérant que les luttes sanglantes qui se prolongent sous Paris et dans plusieurs villes importantes, que les partis qui divisent la France sont des causes incessantes de guerre civile ;

Considérant que la paix et la tranquillité sont indispensables à la prospérité de notre pays; que l'appréhension d'une guerre avec l'étranger et la guerre civile à l'intéreur compléteront notre ruine, elles éloigneront le voyageur de nos contrées et anéantiront nos industries;

Considérant que notre pays a fourni son concours d'hommes et de sacrifices, bien que la neutralité dût l'affranchir de ces charges;

Considérant que le vote de 1860, œuvre de la pression impériale, n'a point été la manifestation libre des aspirations de nos contrées;

Estime que les populations de la Savoie du Nord ne sont point liées par la votation de 1860, qu'elles doivent se prononcer à nouveau sur leurs destinées;

Que copie de cette délibération sera transmise aux conseils municipaux de la Savoie du Nord et aux populations pour obtenir leur adhésion aux présentes résolutions.

F. DUMONT, *pharmacien;* C. ORSAT, *avoué;* F. VERDAN, *avoué;* L. TAPPAZ, *géomètre;* P. BLANC, *avocat;* P. WEITZ, *négociant;* J. THÉVENET, *rentier.*

Le Mont-Blanc qui les reproduit dans son numéro du 24 mai les fait suivre des lignes suivantes :

En présence du manifeste séparatiste du club républicain de Bonneville, il est du devoir du gouvernement d'affirmer qu'il ne ferme pas les yeux sur des menées ayant pour but de démembrer la Savoie et de réduire encore le territoire de la France.

Un acte qui aurait toute la portée d'une déclaration officielle serait le rappel dans l'administration de M. François Renand, en dernier lieu sous-préfet de Dôle.

M. Renand a contribué énergiquement à arracher la Savoie du Nord des mains de la Suisse, favorisée dans ses intrigues par le comte de Cavour et par l'intérêt que l'Empereur portait à ce pays qui lui donna jadis l'hospitalité, et à empêcher ainsi le morcellement d'un pays dont l'histoire nationale a de si belles pages.

Nous savons que cet honorable compatriote, après dix ans de services, n'a laissé partout que des sympathies aussi vives qu'unanimes et une réputation parfaitement établie de capacité, de libéralisme et de bienveillante impartialité.

Lorsqu'en septembre dernier sa dignité l'obligea à se démettre de ses fonctions, il reçut les lettres les plus cordiales et les plus flatteuses de chacun des conseillers généraux de son arrondissement.

Du moment que le gouvernement, mû par un sentiment d'équité et de justice, rappelle les fonctionnaires qui ont loyalement servi la France sous l'Empire, sa sollicitude ne peut manquer de s'étendre sur un des hommes dont la vie a été un acte incessant de dévouement à son pays et dont rien n'a pu ébranler les convictions politiques.

Nous ne venons point sonner la cloche d'alarme... nous poussons le cri d'une sentinelle avancée, persuadé que notre vigilance, inspirée par le patriotisme, sera appréciée par le chef éminent du Pouvoir exécutif qui consacre, avec tant de sollicitude et d'activité, sa haute intelligence et sa loyauté généreuse au salut de notre France bien-aimée. L'insurrection de Paris n'est plus qu'un lugubre souvenir et nous allons entrer dans une ère de repos, d'apaisement, de justice, de réhabilitation, de tolérance et de réorganisation.. Qu'à cette œuvre d'ensemble, qu'à cette reconstruction de l'édifice social, tombé en ruine sous les obus de la Prusse, les démolisseurs *gambettistes* et les bandits de l'Europe, le Gouvernement convie tous les hommes de bonne foi, d'intelligence, dont le cœur n'appartiendra jamais qu'à la France, sous tous les gouvernements !

L'émancipation prématurée des enfants, le *déclassement* et l'athéisme ont jeté notre pauvre France si bas, si bas qu'on ne la retrouve plus au fond du gouffre ! Que l'Assemblée nationale s'occupe, avant tout, de moralisation des masses, de réglementation contre les agglomérations funestes dans les grandes villes.

Favorisons, pour la faire comprendre et aimer, la vie paisible des champs. Assurons à tous une place honorée et sympathique au soleil, au foyer domestique, à l'école et à l'église, car il faut absolument ramener les populations à la culture des terres, au respect et à l'obéissance envers les parents et au culte divin !

Versailles. — Imprimerie BEAU, rue de l'Orangerie, 36.

www.ingramcontent.com/pod-product-compliance
Lightning Source LLC
LaVergne TN
LVHW020304230826
846091LV00006B/2512

* 9 7 8 2 0 1 1 7 8 7 9 5 8 *